Dedicated to my sweet aunt, Missy.

Visit boredontherange.com to see more!

For inquiries, please email
rangeboss@boredontherange.com

Copyright © 2024 by Bored on the Range, LLC
All rights reserved | First Edition

This book is intended for individual use only. Requests for other usage may be sent to the email above. No part of this book may be reproduced, transferred, or distributed.

# ON THE RANCH

```
B H G U I B I B I R C S N W
P S H X V A F X I A S E B A
S I W Q D R L L T Y L S C T
R B C O P N T T U R W R D E
E H N K C Q L D T I G O D R
T D G U U E E C N E F H T G
R I C R G P U D S P E N S A
A R G U V A M U E Z Y B T P
U T A A I I O R B Y R A P A
Q R L W L H U C O W G I R L
D O A L P T M B G W K C S N
A A Y M S F W Z M L Z V N I
E D A A Y O K N A T T R I D
H C P N C C O W T R A I L W
```

Cattle Guard    Horses     Windmill       Water Gap
Fence           Cowboy     Dog            Dirt Tank
Cows            Cowgirl    Headquarters   Pasture
                Pickup     Camp House     Cow Trail
                Barn       Pens           Dirt Road

# HEADQUARTERS

```
C S T C D C S K T M U Q N Z
G A S T A N K R N X N Z K R
B D F P B V A R E I C Y N P
U D H S C C Z E B L R C G F
N L D S T A N E R A I V U W
K E V O N I K T I P G A T C
H H R B E A E S D Q S Y R Q
O O X E C S Y D H W M H I T
U U Z G L G R I Z H F U O B
S S F N D S N K E U Y K I P
E E O A O S B S V H P D Q B
V L U R L J D I H C E C W P
M E D I C I N E S M X Q F Q
H J S L L A T S E S R O H K
```

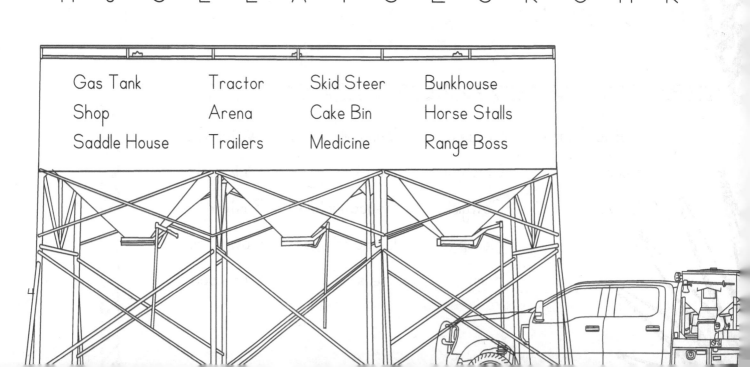

Gas Tank   Tractor   Skid Steer   Bunkhouse
Shop       Arena     Cake Bin     Horse Stalls
Saddle House  Trailers  Medicine   Range Boss

# IN THE SADDLE HOUSE

```
S E L D D A S E Q B L A
J H W E X I L F U V Q A
E P A Q S D W L G E L J
R D U L I L L Y O T F Y
X E R R T W A S L W S U
D E B N H E C P M R R F
V F M I H N R R I A D T
E D P F X X R A T P C T
D P J B M O C Y R R U C
M K O B X R E I N S Q R
B D S R T E K N A L B R
P V T G A L L S A L V E
```

| | | |
|---|---|---|
| Blanket | Feed | Reins |
| Bridle | Fly Spray | Rope |
| Bullwhip | Gall Salve | Saddles |
| Curry Comb | Halter | Vet Wrap |

# SPUR MAKER

```
E Y D N Q U D Z F I D T
R V O T S A L B D N A S
O R A N I V E A U A W B
I B Q R W B W X J B X Q
C U L S G H I R O W E L
V F E F U N E E B P X Z
N F L B N V E V K E O K
E E R M U T G L P V E I
J R Q T I C E I A U N N
S O L D E R K S L R Y M
J J A H W D N L B Q I T
Q S I A V T O K E I F K
```

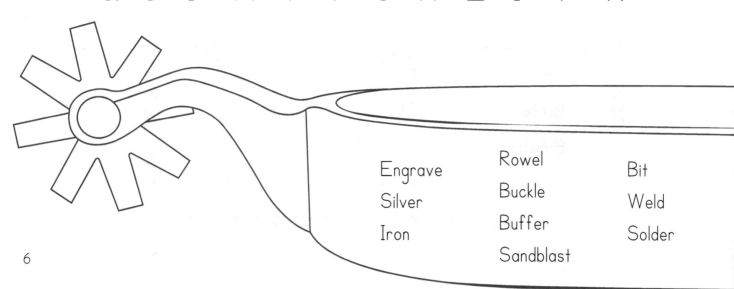

Engrave
Silver
Iron
Rowel
Buckle
Buffer
Sandblast
Bit
Weld
Solder

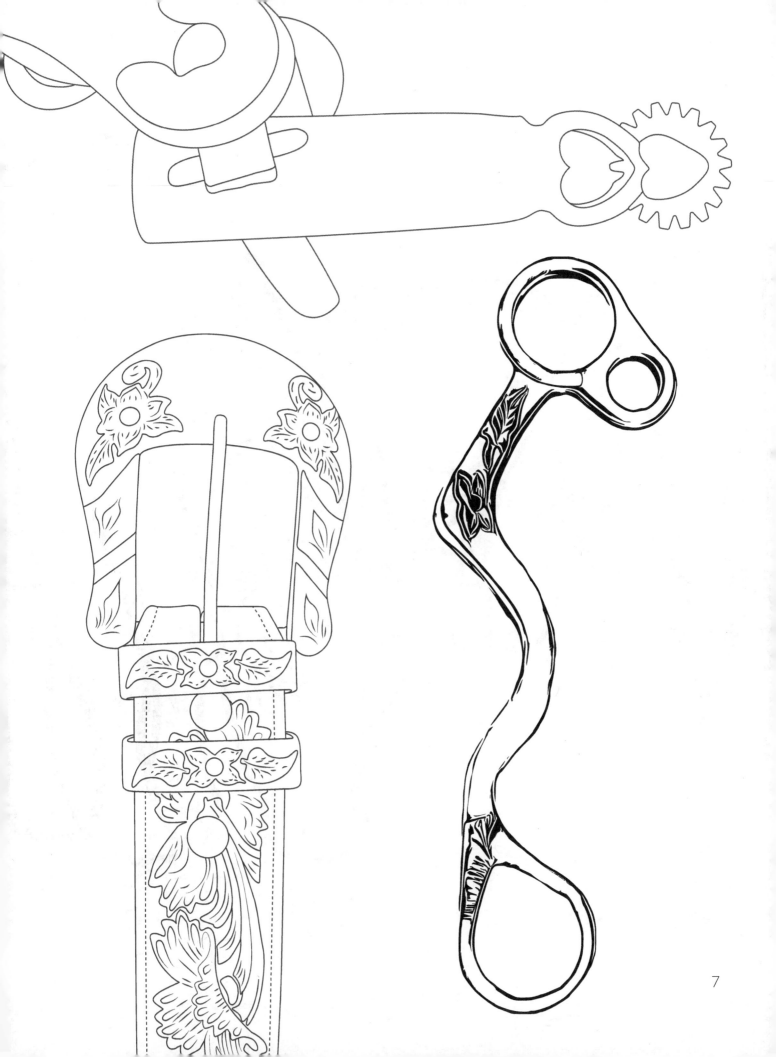

# FEEDING COWS

```
M L Q E Q E E R L O T D H M
K I A N I S F I P D W M A D
C B U R I F C O N B O Z Y B
U A P R E K C O L B T L A S
R C E Q T N O U E H R I U Q
T N A U M Y I L L Y A B R S
D O B K L L A M I L C Q Z M
E S L M E B V L Y P K V F Q
E A N E D E T A G E R I W L
F I J N Y A I S P Q O X W U
L X U M A G O D R Z A W Z B
Q O W B Y J F Z S N D Y O Q
R C H E C K I N G W A T E R
S W O C G N I T N U O C R T
```

| | | | |
|---|---|---|---|
| Cake | Salt Block | Round Bale | Two Track Road |
| Hay | Mineral | Checking Water | Lick Tubs |
| Siren | Feed Truck | Counting Cows | Wire Gate |

# BEEF

```
V M F U N H P V N S T D A G I
I J Y Z F I M S B E E W W R H
A T L R G H O I T P L E F O F
U E H E M T R L I Q I T H U L
I S W L U X T R R C F S E N L
E Y E B I R T B C E L J R D G
F L A N K S R Q O W D O S G V
D N U O R U M F S N A N Q E N
N T M G M H C W B S E R E R K
I I R P D L H R T N U O O T N
E E O I Q C U N E N M V A D Q
P R L L T P C S H O Q G C B U
B T Y R R I K P R O H D Z R W
Q X W X C I P T T R X E D U T
L I U Q H J S M F E M T Z I I
```

T-Bone   Stew    Rump
Ground   Ribs    Round
Roast    Flank   Tenderloin
Ribeye   Tri Tip Filet
Sirloin  Chuck   Strip

# CATTLE

```
O A H X Y Z Y U W L L N C Y W X L U
D X A W R D U Q O W H A L A G I O I
B R Y E A A L N S E U M K Y L D C Y
Q D E E A T G A I W N H E U K F A C
S T L H D H U V B J I A Q Y J D T H
S C U H O H B S F K R R V B S R T A
Z W M R H L Y W I L C B S G S O L R
L D N U E I V R I A C A X P M F E O
C L W G E A O N A X F L N V E J L
U A U C O W G K D C L N E B B R G A
V L H B E N I V O B A L E F Z E B I
D R Y C O W B A Z H F V Y L R H U S
S H O R T H O R N A S N C Q E D F N
U Y G A W V L O A U I R M H F C A T
M J R R E E T S G N I P O R I Z T T
B X U T B F N B R G I O A E R J X
Z I H D I G A O T V X U N U H V V A
L L U B G N I K C U B L S C T Z X C
```

| | | Vaca | Charolais | | |
|---|---|---|---|---|---|
| Bull | Calf | Hereford | Longhorn | Gelbvieh | Roping Steer |
| Heifer | Cattle | Angus | Wagyu | Dry Cow | Herd |
| Steer | Yearling | Short Horn | Black Baldy | Brangus | Muley |
| Cow | Bovine | Watusi | Brahman | Bucking Bull | |

# BRANDING DAY

```
D T Z T S Z C U F O V H S D F
E R B R A N D I N G I R O N L
P N A C P T E E C V I G D Z A
O E K G L P P P A A V A S N N
R I U C G A U C P R Y U I H K
Q G I D E E C T L W M H S C E
A H N Z H I R B O I C A U Y R
N B E F N P P R N W E G R U W
C O F A B Q K Y W A N K U S
H R T A T E I I Q C G V J H B
A E N A R J E T X H J M Y M Q
F C A F Z Q X V A E W O J T Z
S D G H E X C J M Q Y S Z Z H
A P X F P Y S D C V V D R F V
G A T R A E D E H O R N D F P
```

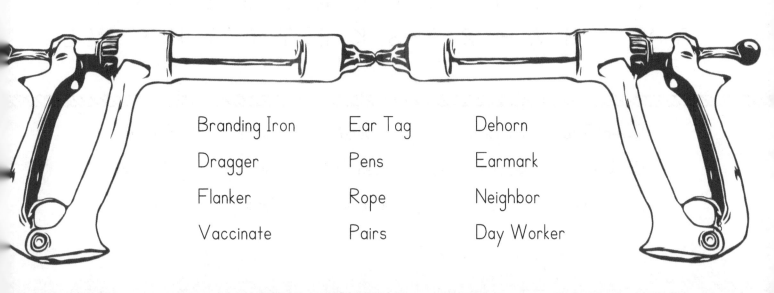

Branding Iron    Ear Tag    Dehorn

Dragger    Pens    Earmark

Flanker    Rope    Neighbor

Vaccinate    Pairs    Day Worker

# RING THE DINNER BELL

```
A W G J O R T R E S S E D Y D S T B
A L G K M R A D A U V Q S M K R V U
O J M E L C M S R E G R U B M A H J
O N Y C Y R A A K M E H Q M D V V
T X E C D T L A C P E G X P B D O X
V N I P I F E F P S C S A A K Y O Q
D L B I A T S O I I W P M X E K X R
M F A A T L P V C L O B Z O L M I L
X I P E R S A M L I I I Y M K B P W
V B E F I B N J R H D Y B B E E L Y
P W O T H V E Q X C W L Z Y V U R A
S F S D U E F C C N L R E E O C M M
O I G U F A D C U E W B X N V A R Z
G S K O J Q S U L E Q N C R O H G
D N U I B L J B U R A K C E B Q R
J T T V R L M P T G Q W M P V D I
R A L R G H I Y I B K I B E A N S L
S M D M W B R I S K E T C J K E W L
```

| | | | | |
|---|---|---|---|---|
| Sweet Tea | Tamales | Jalapeno | Beans | Fajitas |
| Brisket | Ribeye | Green Chili | Smoker | Dessert |
| Barbecue | Hamburgers | Poppers | Grill | |

# ON THE WAGON

```
P G C B P R A J I D P X L C C
H E U O T R I G O D I N K A A
B O S S W G T O Z I Q O H M T
O C W O L B W O A U O S X P C
W A B I H K O L N C Q T L F H
W K N Y O F H Y W L N P S I O
M E A O F K N C S B N E M R R
W O C K D C Y O T D E Y A E S
D U T C H O V E N A X E D N E
L L O R D E B W E F C J U J S
A P K G B R U U L E I F M Y E
G Y M S T Y W Y N F P K E D P
N O G A W K C U H C Y E R X H
J M I I C N S M G W M P E F Q
G V P T H G I L Y A D V S T S
```

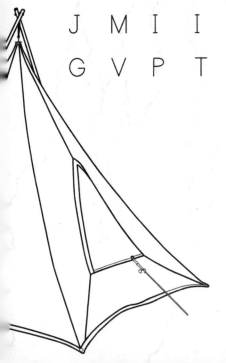

Fly  Boss  Catch Horses
Bedroll  Cowboys  Cook Wood
Teepee  Campfire  Dutch Oven
Remuda  Jig Line  Chuck Wagon
Cook  Daylight  Camp

# HORSES

```
Y X C V H Y T Y Q Q X F L O M
J A D R Y A K L Y K I V E L I
O E B V Z J F Z O L X N R L N
G E L D I N G L L C I W R A I
G N I D L K G Y I U T M O B A
T F A R D R I P Q N K N S A T
S V V D R G O D S C G B M C U
R T U Q E V N A H G Q E A D R
A N U R O I C A N O N W R O E
N W A D Q U A R T E R P E O T
C M N Q T Y A R G S O S K R B
H B X T P A I N T N U V E B R
T L I V S A D H Y I K M C N O
G N I N I E R B U C K S K I N
G I E Q U I N E T A Q D O Q C
```

| | | | | | |
|---|---|---|---|---|---|
| Brood | Pony | Caballo | Ranch | Buckskin | Paint |
| Mare | Draft | Equine | Cutting | Roan | |
| Filly | Mustang | Quarter | Reining | Bronc | |
| Gelding | Stud | Haflinger | Bay | Dun | |
| Colt | Kid Horse | Miniature | Sorrel | Gray | |

# LEATHER WORK

```
A P M W Y H H P K F W V
N M S B I C A N U F O P
T A V D B I R H T N E D
I T E M O T D P D N C N
Q S Q F U S W W N P R H
U Z B U J K A U E E F I
E L R B Z C R A T S F G
T E V I R U E T G N N F
J E E Z A B A N I I R W
T S K L X P Y N L Q J F
T O O L I N G I Z O S H
V X N G I E O V M R J H
```

| Antique | Hardware | Pattern | Sew |
| Buckstich | Hides | Punch | Stamp |
| Fringe | Oiling | Rivet | Tooling |

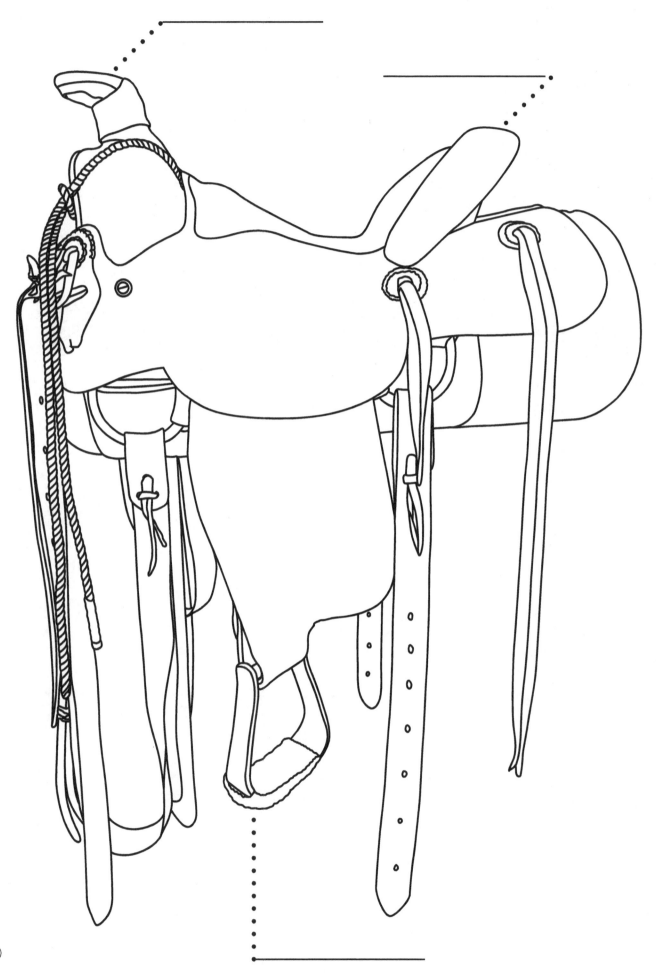

# PARTS OF A SADDLE

```
F A I W A D L F W L H Q N S R
H C N I C A X B L F G M R E A
C S L N T X F E N D E R O A L
J P K I A R W I C X I G H T L
U A G I V S Y X G U S G G D O
S O F T R I T P R H T I E G C
Y N G U R T S E O J I E R Y T
P C I Q J W P O R G R D J L S
C R A V D E O W J I R M B U A
I K E N E A K N B U Q I Y E
Y N K K T L A G J J P N E Q R
Q O F B Y L B T E L L I B N B
B V Y Q W I E G U L L E T F F
A W M Z N S M N R G R O T P N
X F P H O J W U F H C W V Y O
```

Cantle     Cinch      Swell      Seat       Breast Collar
Stirrup    Blevins    Fender     Dee Ring   Keeper
Latigo     Horn       Skirt      Billet     Gullet

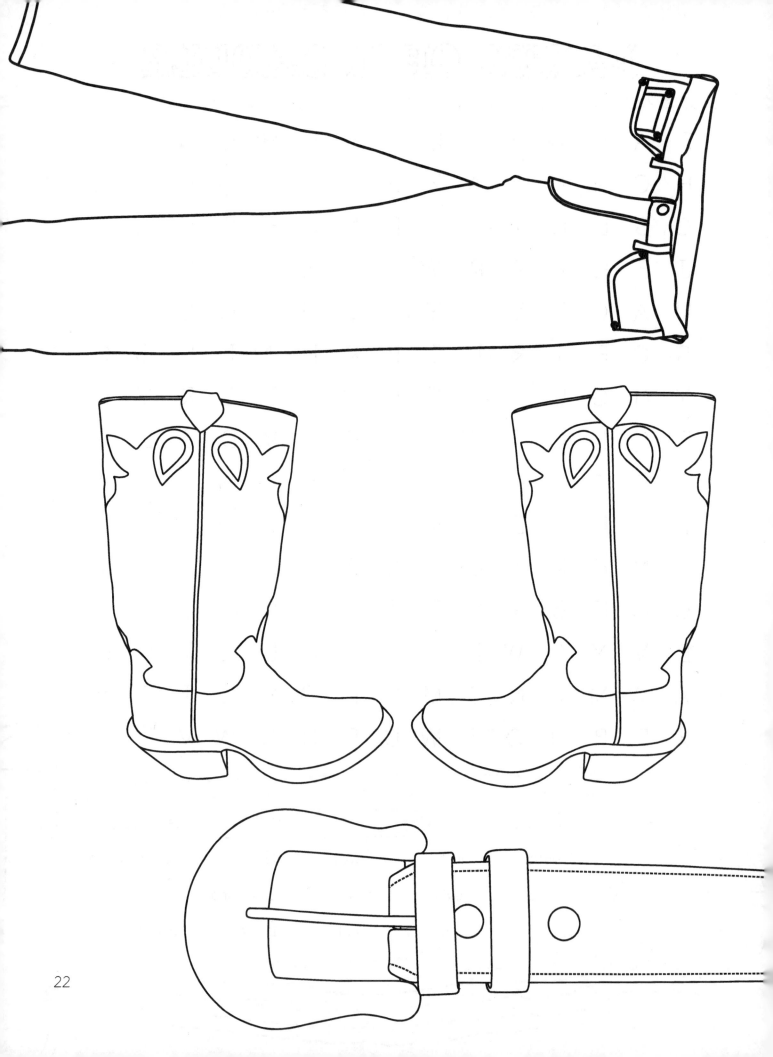

# COWBOYS WEAR?

```
W H T V H S I E T P F I
P A V S E Q Q O E A G J
T T U T E G E A R N O U
L N X G S V R O Z E O C
E L W T W L W N K W F L
B K O I S L F P J I E E
X O V N L Q S E V O L G
B Q A U F D A H W T Y G
V P I W S N R E C S Q I
J L V X S O X A S A W N
E L K C U B B Y G E F G
T M S P U R S J A B P S
```

| Hat | Belt | Leggings |
| Jeans | Boots | Pearl Snap |
| Gloves | Spurs | Buckle |
| Coat | Wild Rag | Vest |

# COWDOGS

```
J K P P Q N D Z I E R B
J L B I H N W J B G O Z
G P U D A O L O W R V E
P O R E L E E H D P M A
U X O D G K S E O O C U
K E O D E O R I T U T S
L Y F L D C D Y N W Y S
A Z P N O O A R E Y B I
W I D L R W G D U C E E
E Q L W A S P N E C M R
L I L O O K B A C K O F
E N O S X H B L E N C R
```

| | | |
|---|---|---|
| Border Collie | Away to Me | Kelpie |
| Heeler | Look Back | Load Up |
| Cur Dog | Good Dog | Down |
| Come By | Aussie | Walk Up |

# WEANING & SHIPPING

```
T X C F G C O M R O R H X L L
F R Q X H J H F E I E O F Z K
S J O J Z O P Q L S G Z U Q C
Z T J S I K T X U M Q S S D
M D A A X L L S A V P C L W V
L O A D I N G C H U T E E O F
D O P U L D W W E O D P K C S
E T A R A P E S L K T D A K I
M K A U H I Z C T B Z T C R L
S N E S G C Z A T W K U M O S
M H F H H Q S L A N R O B W T
U H T B J L J E C T W A V N K
O S F C J O T S H Y B U R Y X
E T U H C G N I S S E C O R P
C D D R U M S D L X L E O S W
```

Separate    Loading Chute    Processing Chute
Sort        Hot Shot         Work Cows
Cattle Hauler    Scales
Trucks      Weights

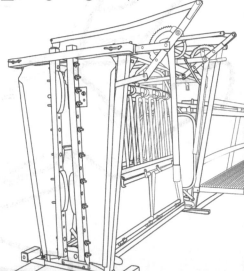

# TRAINING HORSES

```
G Y Y R G V L T Z X O E R C T
R D A I M N D P T M D U H O Z
O N E D G N I T T U C A R P L
U V S I L R L N R T N T H F E
N T R N J K O Y I G K A Y Y L
D S O G D H W U E E L O P E F
W Z H C S K O L N T R J Y C F
O E W O Q B E R E D A N O M A
R Z O L N A V R S J P D J I N
K U C T D R B J D E Q E X Q S
F L F S C R L M C D S W N A G
T B C X E E T U A C R H S W N
S U T A P L F R V F F M O B I
K R K E R O M A K C A H H W R
R O P E H O R S E W B A K V D
```

| | | | |
|---|---|---|---|
| Riding Colts | Cowhorse | Barrel | Rope Horse |
| Change Leads | Trot | Halter break | Round Pen |
| Cutting | Lope | Hackamore | Groundwork |
| Reining | Horse Show | Ring Snaffle | |

# PARTS OF A HORSE

```
K G Q Y R D F N A P H M
K N Y S C O B W E M B R
V N E W S E J I D U S M
B G A E U S Z T Q R H C
O Y S L R M L H G T M A
C I K A F U J E Y O K N
J C E T O O N R L W T N
C Q H Y P X Q S H A N O
S H O U L D E R I O X N
S T H R O A T L A T C H
K H B O E N A M D P M K
R A J M T H H O O F M U
```

| | |
|---|---|
| Hoof | Rump |
| Hock | Ears |
| Withers | Shoulder |
| Tail | Knee |
| Mane | Cannon |
| Flank | Throat Latch |

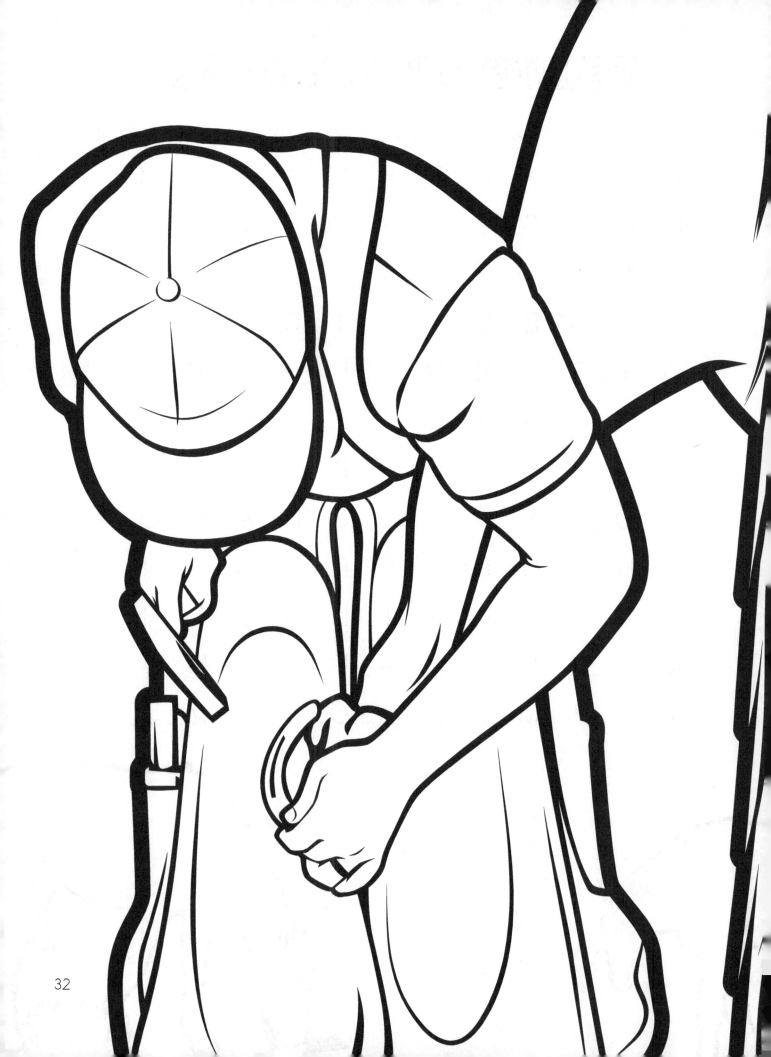

# FARRIER

```
I  F  H  L  V  F  H  K  M  C  Z  P  M  V  B
S  W  U  J  Y  R  Q  K  L  K  Z  I  B  Y  A
L  U  L  E  W  J  V  I  U  D  E  B  Q  F  G
I  E  U  I  L  P  N  A  E  P  F  S  A  E  B
O  C  F  I  V  C  S  O  W  B  S  H  R  F  E
L  G  D  O  H  N  H  A  K  O  R  O  X  I  W
V  O  P  E  O  S  A  T  R  J  E  E  L  N  K
C  Q  R  X  E  T  L  J  F  R  P  I  X  K  B
K  S  J  S  K  I  S  P  Y  R  P  N  F  F  T
Z  J  R  Z  O  U  J  T  G  F  I  G  K  O  R
A  O  N  A  I  L  S  J  A  V  N  A  X  O  X
H  D  R  E  M  M  A  H  G  N  I  P  A  H  S
S  O  U  H  F  D  M  H  Y  M  D  R  T  Z  Z
H  K  F  B  I  U  G  W  P  L  O  O  B  X  F
M  Q  T  H  K  N  M  S  N  P  B  N  H  S  I
```

Rasp            Shoeing Apron
Nippers         Clinchers
Horseshoe       Shaping Hammer
Nails           Anvil
Foot Stand      Hoof Knife

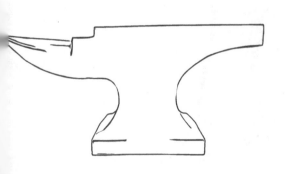
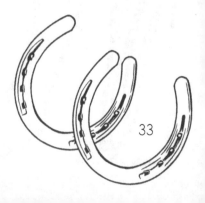

# SPANISH WORDS

```
K W Y Y Q A A T A G H T
Q E V D G T M D S R N A
T P R A A O I C P K X P
Z R O I Q O G O A N E A
W Q R Q S U O Z H P M D
Z A M E S A E R C Y W E
L O A M K D Z R R X K R
H A C I E N D A O U B O
G O Z F M V K W Y T B S
B Z F E Q U N U V Q D E
U A W A D Z O C N O R B
I Q D P Q Z W J F D Z G
```

| Hacienda | Adios | Lariat |
| Vaquero | Bronco | Mesa |
| Amigo | Burro | Tapaderos |
| | Chaps | |

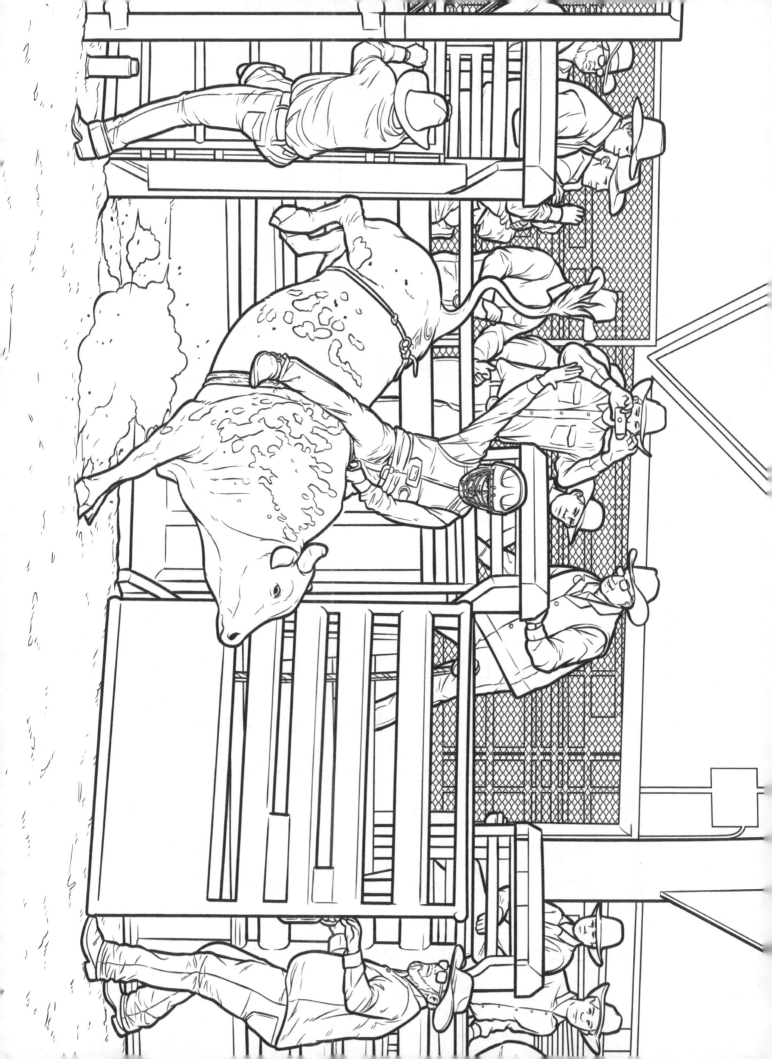

# RODEO

```
F F B K Y X N H S K B E G S W K R X
E P Q R K B U A A M W L N D G W R C
K M X B O R K Z Y Z R K I N N Z W R
Z C I V E N D E R E Z C P A I R V O
Y M Y T S Z C R I D O U O T D O C W
I A U A O B A R R E L B R N L X S L
X N B T W N R V I Y V D F D E J L L
I P X M T A O W R D E O L N B E B E
A K S K B O K T F O E I A A E K N S
R J Q L S H N A H D R C R L W B T
E H E A D E R B E E Z E A G O J B T
N R J U D G E Y U R A R O L P Y U M
A S D N R E P O R S B L C Q J H L
N W A L L P O H D D T O E A U K L Z
B R V J P J W Y Y E E I C R N E S S
G E B E Y M H R A D A X N P N L E J
D B H Y J E H M O W D J K G E U L N
H X P J F K L R G N I P O R T A O G
```

Arena
Barrel
Barrier
Breakaway
Bronc Rider
Buckle

Bulls
Calf Roping
Crows Nest
Goat Roping
Grand Entry
Grandstands

Hazer
Header
Healer
Judge
Mutton Busting
No Time

Pole Bending
Rodeo Clown
Rodeo Queen
Roper

# PLANTS & ANIMALS

```
D J J T C J D W R R D O I G S A P M
H M X R A E P Y L K C I R P S N R Y
Q S T I B B A R K C A J C M A T A W
N G U Q P I T T X D C E T E R E I V
L O L R W C E D A R E J D K G L R A
F Y I V B L N C C R X E T A R O I D
O D B L Z E A Y T O E S E N A P E P
B K I H N H G E U W Y K P S E E K K
N H C V S I T A E I C O T P B F O E
S R F N F I A L S Y Q L T A F J G M
I T G Z U K B T H V G W Z E N O U O
H A Q Q M X M T N J M S X H L M G
U C S E U N T F M U O T W Q E S M W
M E H T I C W G V Y O K H D H E F M
M R F O I V F O N U F M E G Y J V
Q S Y N L B F L C M G E T I D Y M
N F Z E S L V I M B R X Z Y Z X F
S Z Q I Y A A P B H A W K X Q A K F
```

| | | | |
|---|---|---|---|
| Antelope | Mountain Lion | Snake | Sage Brush |
| Hawk | Beargrass | Coyote | Tumbleweed |
| Cedar | Jack Rabbit | Mule Deer | Mesquite Tree |
| Cholla | Prairie Dog | Prickly Pear | |

# OLD WEST

```
E W R A N G L E R B C M O N O
R L J P Y O I B C C O U W O P
E R D N A W X X U L T T E G E
L C F D M C U T A L S Q R A N
T R A G A C J F A I H F O W R
S Y B T O S F W A M O Z U D A
U E D R T U K D P D O K N E N
R H R V B L C C J J T T D R G
A A D C A K E W A G O N U E E
L U L J Y V D D D P U Y P V Q
S T A M P E D E R Q T U J O N
T R A I N S T A T I O N T C S
R X T O U R E V O L V E R Q G
N W O T W O C P M A C E N I L
R E V I R D L I A R T N J O T
```

| | | | | |
|---|---|---|---|---|
| Buffalo | Corral | Line Camp | Revolver | Stampede |
| Cake Wagon | Covered Wagon | Open Range | Round Up | Trail Driver |
| Cattle Drive | Cowtown | Outlaw | Rustler | Train Station |
| | | Pack Saddle | Shootout | Wrangler |

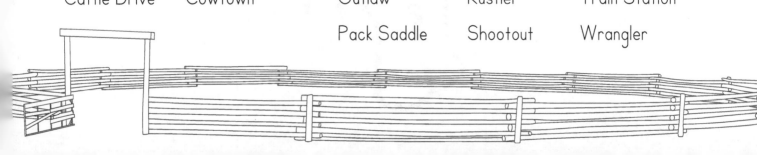

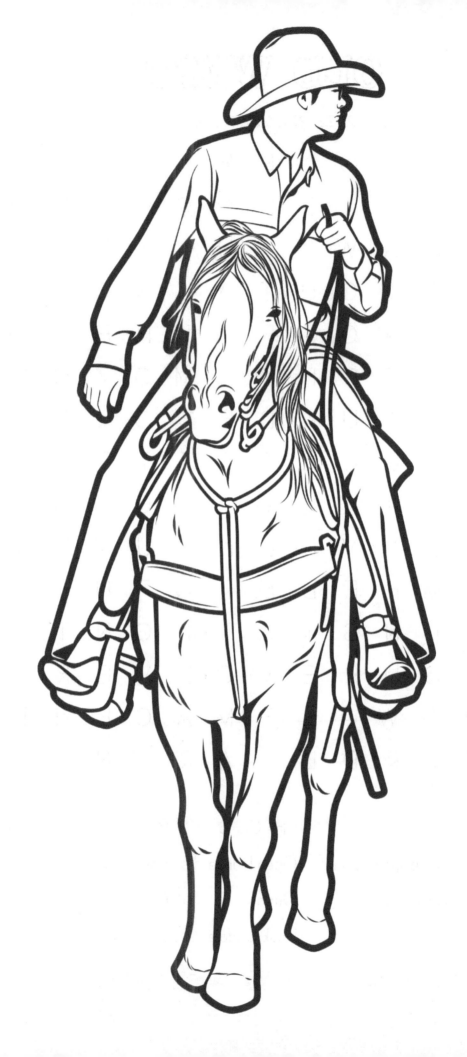

# ODDS & ENDS

```
C O W S K U L L Y K R P
L S P M K H B U C O O O
H S A Y I A F E P N K C
N T Q L R D N E G P A K
C T E N E E Y N A F M E
H I C R S B I R O N E T
B A H O D R A D N O H K
T R O H T T V R Q L K N
A G U S Q H U V N V I I
E Q E S E H O B B L E F
B I S P H I D S S Y W E
T X U V I Y H P H B B T
```

Barn Cat    Gooseneck    Rope
Brushy      Hobble       Sale Barn
Cow Skull   Honda        Tie String
            Pocket Knife

Made in United States
Troutdale, OR
12/11/2024

26182752R00024